Was wir Täufer glauben

Bekenntnistexte von bleibender Aktualität

Hg. Alexander Basnar

Bibliografische Information der Deutschen Nationalbibliothek:
Die Deutsche Nationalbibliothek verzeichnet diese Publikation in der
Deutschen Nationalbibliografie; detaillierte bibliografische Daten
sind im Internet über www.dnb.de abrufbar.

© Alexander Basnar, Wien 2019

Schlachter 2000 - © CLV Bielefeld und Genfer
Bibelgesellschaft

Herstellung und Verlag:
BoD – Books on Demand, Norderstedt
ISBN: 978-3-7431-1140-0

Für die
Gemeinden
Christi

Kontakt: alexander@basnar.at

Inhalt

Die Täufer 7

Das Apostolische Glaubensbekenntnis 12

    Hintergrund: 12

    Text: 14

Die brüderliche Vereinigung etlicher Kinder Gottes, sieben Artikel betreffend. Schleitheim 1527 16

    Hintergrund: 16

    Begleitbrief: 16

    Die Taufe 20

    Der Bann 21

    Das Brotbrechen 22

    Die Absonderung 23

    Die Hirten 26

    Das Schwert 27

    Der Eid 31

    Nachwort 35

Glaubensbekenntnis des wehr- und rachelosen Christentums Dordrecht, 1632 38

   Hintergrund: 38

   1. Artikel: Vom Glauben an Gott, von der Schöpfung des ersten Menschen und aller Dinge 39

   2. Artikel: Von der Übertretung des göttlichen Gebots durch Adam 42

   3. Artikel: Von der Wiederaufrichtung und Versöhnung des menschlichen Geschlechts mit Gott 43

   4. Artikel: Von der Ankunft unseres Erlösers und Seligmachers Jesus Christus 45

   5. Artikel: Von der Einsetzung des Neuen Testaments durch unseren Herrn Jesus Christus 48

   6. Artikel: Von der Buße und Besserung des Lebens 50

   7. Artikel: Von der heiligen Taufe 51

   8. Artikel: Von der Gemeinde Gottes ... 52

9. Artikel: Von der Erwählung der Diener in der Gemeinde 54

10. Artikel: Vom hochwürdigen Abendmahl des Herrn 58

11. Artikel: Vom Fußwaschen 59

12. Artikel: Vom heiligen Ehestand 60

13. Artikel: Von der Obrigkeit 62

14. Artikel: Von der Rache und Gegenwehr 63

15. Artikel: Vom Eid oder Eidschwören 65

16. Artikel: Vom Bann oder Absonderung von der Gemeinde 66

17. Artikel: Wie die Gebannten und Abgesonderten von der Gemeinde zu meiden sind 68

18. Artikel: Von der Auferstehung der Toten 70

Aus Riedemanns Rechenschaft 73

   Hintergrund: 73

   Von der Gemeinschaft der Güter 74

Die Täufer

Im 16. Jahrhundert kam es in Europa, besonders den deutschen Landen zu gewaltigen Umbrüchen. Die Türken standen vor den Toren Wiens, die Bauern revoltierten, die Pest raffte die Menschen dahin und die Kirche, von der man sich in solch beängstigenden Zeiten Hoffnung, Trost und Orientierung erwartet hätte, war zutiefst korrupt. Aus Protest gegen den Ablasshandel, mit dem der Bau des Petersdoms finanziert werden sollte und durch den die Höllenangst der einfachen Leute schamlos ausgenützt wurde, schlug der Augustinermönch Martin Luther seine 95 Thesen über die Buße an die Tür der Schlosskirche zu Wittenberg. Es war der 31. Oktober 1517. Die Reformation hat begonnen.

Angeregt durch Martin Luthers Eifer und sein standhaftes Bekenntnis am Reichstag zu Worms entstanden vielerorts reformatorische Bewegungen. In Zürich begann Ulrich Zwingli aus dem Wort Gottes zu predigen und Missstände in der Kirche zu beseitigen. Nicht nur Luther übersetzte die Bibel ins

Deutsche, in Zürich war mit der Zürcher Bibel sogar vor Luther die Übersetzung der ganzen Bibel vollendet. Das Wort Gottes in deutscher Sprache! Vorbei war es mit der lateinischen Messe, der Geheimsprache der Geistlichen! Ein einfacher Bauer konnte nun selbst lesen, was Gottes Wille für sein Leben und das der ganzen Welt sei. Doch weder die Gesellschaft, noch das eigene Leben entsprachen diesem Willen, sodass viele begannen, Gottes Gnade zu suchen, Gewissheit im Glauben und einen Lebensstil, der Gott gefällig ist.

Das geschah keineswegs mit einer Stimme, denn jeder sah etwas Anderes im Wort, was ihm dringlicher schien. Luther ging es um den Seelenfrieden vor Gott, Zürich um systematische Reformen der Gesellschaft, Thomas Müntzer um radikale soziale Gerechtigkeit, die er mit Gewalt herbeiführen wollte.

Die Täufer stellten die Frage nach dem Verhältnis der Kirche zum Staat und erkannten neu, dass das Reich Gottes nicht von dieser Welt sei. Diese Bewegung entstand im Umfeld Zwinglis, ja sogar in dessen eigenem

Bibelkreis. Die Frage kam auf, ob die Kindertaufe aus dem Neuen Testament heraus begründet werden könne, was alle (auch Zwingli) einmütig verneinen. Selbst Luther hatte anfangs noch Zweifel an der Kindertaufe geäußert und gemeint, wenn man nicht beweisen könne, dass das Kind einen eigenen Glauben habe, so sei dessen Taufe ein Gaukelwerk, durch das Gott gelästert würde. Doch Luther wie Zwingli scheuten sich davor, den gesellschaftlichen Konsens des christlichen Abendlandes aufzulösen. Ihnen war bewusst, dass kaum einer aus zehn zur Kirche käme, wenn man nur mehr die Gläubigen taufte. Die Folgen für Staat und Gesellschaft waren nicht abzuschätzen und darum hielten sie an der Kindertaufe fest. Und damit an der Illusion einer christlichen Gesellschaft.

Folglich brach aus der staatskirchlichen bzw. obrigkeitlichen Reformation ein freikirchlicher Flügel aus, ein radikaler Flügel, der bereit war, die Welt den Weltlichen zu lassen und in Absonderung von der Welt Christus nachzufolgen. Als Lebensregel galt ihnen die Bergpredigt, ein Leben in Friedfertigkeit, Aufrichtigkeit und Heiligung, zu dem man sich durch eine bewusste Glaubensentscheidung und Taufe verpflichte.

Am 21. Jänner 1525 taufte Konrad Grebel den ehemaligen Priester Georg Cajakob, genannt Blaurock. Der Stadt Zürich verwiesen gründeten sie im Nachbarort Zollikon die erste Täufergemeinde. Verfolgung setzte ein, die Bewegung wurde rasch zerstreut – doch so wie der Samen einer Blume vom Wind verweht an allen Orten zu blühen beginnt, blühte auch das neue geistliche Leben des Evangeliums an allen Orten auf, wohin die Vertriebenen flohen.

Wenn auch die Anführer der Bewegung innerhalb weniger Jahre gefasst, gefoltert und hingerichtet wurden, umfasste die Täuferbewegung innert kürzester Zeit zehntausende Anhänger im gesamten deutschen und holländischen Sprachraum.

In diesem Büchlein werden drei Hauptbekenntnistexte der Bewegung vorgestellt, die unter den konservativen Nachfahren der

Täufer, die mittlerweile hunderttausende Anhänger weltweit zählen, bis heute Geltung und Bedeutung haben:

- Die brüderliche Vereinigung von Schleitheim 1527
- Das Bekenntnis von Dordrecht 1632
- Auszug aus Riedemanns Rechenschaft 1540/41

Vorangestellt sei das Apostolische Glaubensbekenntnis, welches die Täufer mit allen rechtgläubigen Christen teilen und ihren Bekenntnistexten zugrunde liegt.

Wir sind der festen Überzeugung, dass diese Texte schriftgemäß sind und als hervorragende Zusammenfassung biblischer Lehre eine Hinführung zur Nachfolge Jesu darstellen und als solche unverzichtbar sind. Mögen durch diese Texte Herzen überführt und angespornt werden, durch die enge Pforte zu dringen, um dem schmalen Weg zum Leben zu folgen.

Wien, im Februar 2019

Das Apostolische Glaubensbekenntnis

Hintergrund:

Als Taufbekenntnis geht das sogenannte „Credo" bereits auf das zweite Jahrhundert zurück. In dieser Zeit taufte man keine Kinder, sondern nur solche, die freiwillig den Glauben annahmen. Justinus, der Märtyrer schreibt in seiner Apologie zur Taufe:

„Alle, die sich von der Wahrheit unserer Lehren und Aussagen überzeugen lassen, die glauben und versprechen, daß sie es vermögen, ihr Leben darnach einzurichten, werden angeleitet zu beten, und unter Fasten Verzeihung ihrer früheren Vergehungen von Gott zu erflehen, Auch wir beten und fasten mit ihnen. Dann werden sie von uns an einen Ort geführt, wo Wasser ist, und werden neu geboren in einer Art von Wiedergeburt, die wir auch selbst an uns erfahren haben; denn im Namen Gottes, des

Vaters und Herrn aller Dinge, und im Namen unseres Heilandes Jesus Christus und des Heiligen Geistes nehmen sie alsdann im Wasser ein Bad. Christus sagte nämlich: „Wenn ihr nicht wiedergeboren werdet, werdet ihr in das Himmelreich nicht eingehen" ... Und hierfür haben wir von den Aposteln folgende Begründung überkommen. Da wir bei unserer ersten Entstehung ohne unser Wissen nach Naturzwang aus feuchtem Samen infolge gegenseitiger Begattung unserer Eltern gezeugt wurden und in schlechten Sitten und üblen Grundsätzen aufgewachsen sind, so wird, damit wir nicht Kinder der Notwendigkeit und der Unwissenheit bleiben, sondern Kinder der freien Wahl und der Einsicht, auch der Vergebung unserer früheren Sünden teilhaftig werden, im Wasser über dem, der nach der Wiedergeburt Verlangen trägt und seine Vergehen bereut hat, der Name Gottes, des Allvaters und Herrn, ausgesprochen." (Erste Apologie Kp. 61).

Wir sollen Kinder der freien Wahl werden, unsere Sünden erkennen, bereuen, lassen und abwaschen in der Taufe. Das ist der Zusammenhang, in dem das apostolische Glaubensbekenntnis als Zusammenfassung der wesentlichen Inhalte des Evangeliums gesprochen wurde. Es ist ein Taufbekenntnis und daher passend, an den Beginn eines Büchleins zu den Bekenntnistexten der Täufer gestellt zu werden.

Text:

Ich glaube an Gott, den Vater,
den Allmächtigen,
den Schöpfer des Himmels und der Erde
und an Jesus Christus,
seinen eingeborenen Sohn, unsern Herrn.

Empfangen durch den Heiligen Geist,
geboren von der Jungfrau Maria,
gelitten unter Pontius Pilatus,
gekreuzigt, gestorben und begraben,
hinabgestiegen in das Reich des Todes,
am dritten Tage auferstanden von den
Toten,
aufgefahren in den Himmel.
Er sitzt zur Rechten Gottes,
des allmächtigen Vaters;

von dort wird er kommen,
zu richten die Lebenden und die Toten.

Ich glaube an den Heiligen Geist,
die heilige christliche Kirche,
Gemeinschaft der Heiligen,
Vergebung der Sünden,
Auferstehung der Toten[1]
und das ewige Leben.

Amen.

---

[1] Eigentlich: Auferstehung des Fleisches, gemeint ist die leibliche Auferstehung.

Die brüderliche Vereinigung etlicher Kinder Gottes, sieben Artikel betreffend.
Schleitheim 1527

Hintergrund:

Die Bewegung der Täufer war anfangs unstrukturiert und unklar, ähnlich der ungeformten Erde am ersten Schöpfungstag, ehe Gott sprach und zu ordnen begann. Dieses Reden Gottes geschah in einer Zusammenkunft im Schweizer Ort Schleitheim am Randen, die vom ehemaligen Prior des Benediktinerklosters St. Peter im Schwarzwald, Michael Sattler, geleitet wurde. Die Bewegung wurde betreffend sieben Artikeln einmütig, welche allesamt nicht „theologischer" Natur sind, sondern die Praxis des Glaubens und der Gemeinde betreffen.

Begleitbrief:

Freude, Friede und Barmherzigkeit von unserm Vater durch die Gemeinschaft des Blutes Jesu Christi, mitsamt den Gaben des

Geistes, der vom Vater gesendet wird, allen Gläubigen zur Stärkung, zum Trost und zur Beständigkeit in aller Trübsal bis ans Ende. Amen.

Das wünschen wir allen Liebhabern Gottes und Kindern des Lichtes, welche zerstreut sind allenthalben, wohin sie von Gott unserem Vater verordnet und wo sie einmütig in einem Gott und Vater unser aller versammelt sind. Gnade und Friede im Herzen sei mit Euch allen. Amen.

Liebe Brüder und Schwestern in dem Herrn! Uns liegt zuerst und vor allem daran, Euch zu trösten und Euer Gewissen, das eine Weile verwirrt war, zu stärken, damit Ihr nicht für immer als Heiden von uns abgesondert und mit Recht fast ganz ausgeschlossen werdet, sondern Euch wieder den wahren, eingepflanzten Gliedern Christi, die mit Geduld und Erkenntnis Christi ausgerüstet werden, zuwendet und so wieder mit uns vereinigt werdet in der Kraft eines göttlichen, christlichen Geistes und Eifers zu Gott.

Es ist offenkundig, mit welcher Tausendlistigkeit der Teufel uns hintergangen hat, damit er bei ihnen das Werk Gottes, das unter uns eine Zeitlang barmherzig und gnädig begonnen worden ist, zerstöre und zu Grunde richte. Aber der treue Hirte unserer Seele, Christus, der solches in uns angefangen hat, der wird es bis ans Ende führen und lehren zu seiner Ehre und unserem Heil. Amen.

Liebe Brüder und Schwestern! Wir, die wir zu Schleitheim am Randen im Herrn versammelt gewesen sind, tun allen Liebhabern Gottes kund, dass wir in den Stücken und Artikeln übereingekommen sind, die wir im Herrn halten sollen, wenn wir gehorsame Kinder, Söhne und Töchter Gottes sein wollen, die abgesondert von der Welt in allem Tun und Lassen sind und sein wollen. Gott allein sei Preis und Lob, dass es ohne den Widerspruch irgendeines Bruders und in voller Zufriedenheit geschehen ist. In dem allem haben wir gespürt, dass die Einigkeit des Vaters und des uns alle verbindenden Christus samt ihrem Geist mit uns gewesen ist. Denn der Herr ist der Herr des Friedens und nicht des Zankes, wie Paulus sagt.

Damit Ihr aber versteht, in welchen Punkten das geschehen ist, sollt Ihr aufmerken und verstehen. Es ist von einigen falschen Brüdern unter uns ein sehr großes Ärgernis erregt worden. Es haben sich einige vom Glauben abgewandt, indem sie meinten, sie übten und gebrauchten die Freiheit des Geistes und Christi. Aber sie haben die Wahrheit verfehlt und haben sich (sich selbst zum Gericht) der Geilheit und Freiheit des Fleisches ergeben und haben gedacht, der Glaube und die Liebe könnten alles tun und dulden und nichts könne ihnen schaden oder verwerflich sein, weil sie doch gläubig seien.

Merkt auf, ihr Glieder Gottes in Jesus Christus: Der Glaube an den himmlischen Vater durch Jesus Christus ist nicht so gestaltet, wirkt und handelt nicht solche Dinge, wie diese falschen Brüder und Schwester sie tun und lehren. Hütet Euch und seid gewarnt vor solchen! Denn sie dienen nicht unserm Vater, sondern ihrem

Vater, dem Teufel. Ihr aber nicht so! Denn die zu Christus gehören, die haben ihr Fleisch gekreuzigt mitsamt allen Lüsten und Begierden. Ihr versteht mich wohl und (wisst), welche Brüder wir meinen. Sondert Euch von ihnen ab! Denn sie sind verkehrt. Bittet den Herrn, dass sie zur Erkenntnis und zur Busse kommen und dass wir beständig sind, den begonnenen Weg weiterzugehen nach der Ehre Gottes und seines Sohnes Christus. Amen.

Die Punkte, die wir behandelt haben und in denen wir eins geworden sind, das sind diese: 1. Taufe, 2. Bann, 3. Brechung des Brotes, 4. Absonderung von Greueln, 5. Hirten in der Gemeinde, 6. Schwert, 7. Eid.

Die Taufe

Erstens merkt euch über die Taufe:

Die Taufe soll allen denen gegeben werden, die über die Buße und Änderung des Lebens belehrt worden sind und wahrhaftig glauben, dass ihre Sünden durch Christus hinweggenommen sind, und allen denen, die wandeln wollen in der Auferstehung Jesu

Christi und mit Ihm in den Tod begraben sein wollen, auf dass sie mit Ihm auferstehen mögen, und allen denen, die es in solcher Meinung von uns begehren und von sich selbst aus fordern.

Damit wird jede Kindertaufe ausgeschlossen, des Papstes höchster und erster Gräuel. Dafür habt Ihr Beweise und Zeugnisse in der Schrift und Beispiele bei den Aposteln (Mat 28, Mk 16, Apg 2.8.16.19). Dabei wollen wir einfältig, aber doch fest und mit Gewissheit bleiben.

Der Bann

Zweitens haben wir uns folgendermaßen über den Bann geeinigt:

Der Bann soll bei allen denen Anwendung finden, die sich dem Herrn ergeben haben, in seinen Geboten zu wandeln, und bei allen denen, die in den einen Leib Christi getauft worden sind, sich Brüder oder Schwestern nennen lassen und doch zuweilen ausgleiten, in einen Irrtum und eine Sünde fallen und unversehens überrascht werden. Dieselben sollen zweimal heimlich ermahnt und beim dritten Mal öffentlich vor der ganzen Gemeinde zurechtgewiesen oder gebannt werden nach dem Befehl Christi.

Das aber soll nach der Anordnung des Geistes Gottes vor dem Brotbrechen geschehen, damit wir alle einmütig und in einer Liebe von einem Brot brechen und essen können und von einem Kelch trinken.

Das Brotbrechen

Drittens, was das Brotbrechen anbelangt, sind wir uns einig geworden und haben folgendes vereinbart:

Alle, die ein Brot brechen wollen zum Gedächtnis des gebrochenen Leibes Christi, und alle, die von einem Trank trinken wollen zum Gedächtnis Seines vergossenen Blutes, die sollen vorher zu einem Leib Christi vereint sein, das ist die Gemeinde Gottes, an welcher Christus das Haupt ist, nämlich durch die Taufe. Denn wie Paulus sagt, können wir nicht zugleich am Tisch des Herrn und am Tisch der Dämonen teilhaben. Wir können auch nicht zugleich teilhaben am Kelch des Herrn und am Kelch der Dämonen und davon trinken. Das heißt: Alle, die Gemeinschaft haben mit den toten Werken der Finsternis, die haben kein Teil am Licht, ebenso alle, die dem Teufel folgen und der Welt, die haben kein Teil mit denen, die aus der Welt zu Gott berufen sind. Alle, die dem Bösen verfallen sind, haben kein Teil am Guten.

So soll und muss es auch sein: Wer nicht die Berufung des einen Gottes zu einem Glauben, zu einer Taufe, zu einem Leib zusammen mit allen Kindern Gottes hat, der kann auch nicht mit ihnen zu einem Brot werden, wie es doch sein muss, wo man das Brot in der Wahrheit nach dem Befehl Christi brechen will.

Die Absonderung

Viertens haben wir uns über die Absonderung geeinigt:

Sie soll geschehen von den Bösen und vom Argen, die der Teufel in der Welt gepflanzt hat, damit wir ja nicht Gemeinschaft mit ihnen haben und mit ihnen in Gemeinschaft mit ihren Gräueln laufen. Das heißt, weil alle, die nicht in den Gehorsam des Glaubens getreten sind und die sich nicht mit Gott vereinigt haben, dass sie Seinen Willen tun wollen, ein großer Gräuel vor Gott sind, so kann und mag nichts anderes aus ihnen wachsen oder entspringen als gräuliche Dinge. Nun gibt es nie etwas anderes in der Welt und in der ganzen Schöpfung als Gutes und Böses, gläubig und ungläubig, Finsternis und Licht, Welt und solche, die die Welt verlassen haben, Tempel Gottes und die Götzen, Christus und Belial, und keins kann mit dem anderen Gemeinschaft haben.

Nun ist uns auch das Gebot des Herrn offenbar, in welchem Er uns befiehlt, abgesondert zu sein und abgesondert zu werden vom Bösen; dann wolle Er unser Gott sein und wir würden Seine Söhne und Töchter sein. Weiter ermahnt Er uns, Babylon und das irdische Ägypten zu verlassen, damit wir nicht auch ihrer Qualen und Leiden teilhaftig werden, die der Herr über sie herbeiführen wird. Aus dem allen sollen wir lernen, dass alles, was nicht mit unserem Gott und mit Christus vereint ist, nichts anderes ist als die Gräuel, die wir meiden und fliehen sollen. Damit sind gemeint alle päpstlichen und widerpäpstlichen [„reformierten"] Werke und Gottesdienste, Versammlungen, Kirchenbesuche, Weinhäuser, Bündnisse und Verträge des Unglaubens und anderes dergleichen mehr, was die Welt für hochhält und was doch stracks gegen den Befehl Gottes durchgeführt wird, gemäß all der Ungerechtigkeit, die in der Welt ist.

Von all diesem sollen wir abgesondert werden und kein Teil mit solchen haben. Denn es sind nichts als Gräuel, die uns verhasst machen vor unserem Herrn Jesus Christus, welcher uns befreit hat von der Dienstbarkeit des Fleisches und fähig gemacht hat zum Dienst Gottes durch den Geist, welchen Er uns gegeben hat.

So werden dann auch zweifellos die unchristlichen, ja teuflischen Waffen der Gewalt von uns fallen, als da sind Schwert, Harnisch und dergleichen und jede Anwendung davon, sei es für Freunde oder gegen die Feinde – kraft des Wortes Christi: „Ihr sollt dem Übel nicht widerstehen."

Die Hirten

Fünftens haben wir uns über die Hirten in der Gemeinde folgendermaßen geeinigt:

Der Hirte in der Gemeinde Gottes soll ganz und gar nach der Ordnung von Paulus einer sein, der einen guten Leumund von denen hat, die außerhalb des Glaubens sind. Sein Amt soll sein: Lesen, Ermahnen und Lehren, Warnen, Zurechtweisen, Bannen in der Gemeinde und allen Brüdern und Schwestern zur Besserung vorbeten, das Brot anfan-gen zu brechen und in allen Dingen des Leibes Christi Acht haben, dass dieser gebaut und gebessert und dem Lästerer der Mund verstopft wird.

Er soll aber von der Gemeinde, welche ihn erwählt hat, unterhalten werden, wenn er Mangel haben sollte. Denn wer dem Evangelium dient, soll auch davon leben, wie der Herr verordnet. Wenn aber ein Hirte etwas tun sollte, was der Zurechtweisung bedarf, soll mit ihm nur vor zwei oder drei Zeugen gehandelt werden. Und wenn sie sündigen, sollen sie vor allen zurechtgewiesen werden, damit die anderen Furcht haben.

Wenn aber dieser Hirte vertrieben oder durch das Kreuz zum Herrn hingeführt werden sollte, soll von Stund' an ein anderer an seiner Stelle eingesetzt werden, damit das Völklein und Häuflein Gottes nicht zerstört, sondern durch die Mahnung erhalten und getröstet wird.

Das Schwert

Sechstens haben wir uns über das Schwert folgendermaßen geeinigt:

Das Schwert ist eine Gottesordnung außerhalb der Vollkommenheit Christi. Es straft und tötet den Bösen und schützt und schirmt den Guten. Im Gesetz wird das Schwert über die Bösen zur Strafe und zum Tode verordnet. Es zu gebrauchen, sind die weltlichen Obrigkeiten eingesetzt.

In der Vollkommenheit Christi aber wird der Bann gebraucht allein zur Mahnung und Ausschließung dessen, der gesündigt hat, nicht durch Tötung des Fleisches, sondern allein durch die Mahnung und den Befehl, nicht mehr zu sündigen.

Nun wird von vielen, die den Willen Christi uns gegenüber nicht erkennen, gefragt, ob auch ein Christ das Schwert gegen den Bösen zum Schutz und Schirm des Guten und um der Liebe willen führen könne und solle. Die Antwort ist einmütig folgendermaßen geoffenbart. Christus lehrt und befiehlt uns, dass wir von Ihm lernen sollen; denn Er sei milde und von Herzen demütig, und so würden wir Ruhe finden für unsere Seelen. Nun sagt Christus zur heidnischen Frau, die im Ehebruch ergriffen worden war, nicht, dass man sie steinigen solle nach dem Gesetz seines Vaters – obgleich Er sagt: wie mir der Vater befohlen hat, so tue ich –, sondern spricht nach dem Gesetz der Barmherzigkeit und Verzeihung und Mahnung, nicht mehr zu sündigen: „Gehe hin und sündige nicht mehr."

Zweitens wird wegen des Schwertes gefragt, ob ein Christ Urteil sprechen soll in weltlichem Zank und Streit, den die Ungläubigen miteinander haben. Die Antwort ist diese: Christus hat nicht entscheiden oder urteilen wollen zwischen Bruder und Bruder des Erbteils wegen, sondern hat sich dem widersetzt. So sollen wir es auch tun.

Drittens wird des Schwertes halber gefragt, ob der Christ Obrigkeit sein soll, wenn er dazu gewählt wird. Dem wird so geantwortet: Christus sollte zum König gemacht werden, ist aber geflohen und hat die weltliche, obrigkeitliche Ordnung Seines Vaters nicht berücksichtigt. So sollen wir es auch tun und Ihm nachlaufen. Wir werden dann nicht in der Finsternis wandeln. Denn Er sagt selbst: „Wer mir nachfolgen will, der verleugne sich selbst und nehme sein Kreuz auf sich und folge mir nach."

Auch verbietet er selbst die Gewalt des Schwertes und sagt: „Die weltlichen Fürsten, die herrschen" usw.; „ihr aber nicht so". Weiter sagt Paulus: „Welche Gott zuvor ersehen hat, die hat Er auch verordnet, dass sie gleichförmig sein sollen dem Ebenbild Seines Sohnes" usw. Auch sagt Petrus:

„Christus hat gelitten (nicht geherrscht!) und hat uns ein Vorbild gelassen, dass ihr Seinen Fußstapfen nachfolgen sollt."

Zuletzt stellt man fest, dass es dem Christen aus folgenden Gründen nicht geziemt, eine Obrigkeit zu sein: Das Regiment der Obrigkeit ist nach dem Fleisch, das der Christen nach dem Geist. Ihre Häuser und Wohnungen sind mit dieser Welt verwachsen; die der Christen sind im Himmel. Ihre Bürgerschaft ist in dieser Welt; die Bürgerschaft der Christen ist im Himmel. Die Waffen ihres Streits und Krieges sind fleischlich und allein gegen das Fleisch; die Waffen der Christen aber sind geistlich gegen die Festung des Teufels. Die Weltlichen werden gewappnet mit Stachel und Eisen; die Christen aber sind gewappnet mit dem Harnisch Gottes, mit Wahrheit, Gerechtigkeit, Friede, Glaube, Heil und mit dem Wort Gottes.

In summa: Wie Christus, unser Haupt über uns, gesinnt ist, so sollen in allem die Glieder des Leibes Christi durch Ihn gesinnt sein, damit keine Spaltung im Leib ist, durch die er zerstört wird. Denn ein jedes Reich, das in sich selbst zerteilt ist, wird zerstört werden. Da nun Christus so ist, wie von Ihm geschrieben steht, so müssen die Glieder auch so sein, damit Sein Leib ganz und einig bleibt zu seiner eigenen Besserung und Erbauung.

Der Eid

Siebtens haben wir uns über den Eid folgendermaßen geeinigt:

Der Eid ist eine Bekräftigung unter denen, die zanken oder Versprechungen machen, und es ist im Gesetz befohlen, dass er im Namen Gottes allein wahrhaftig und nicht falsch geleistet werden soll. Christus, der die Erfüllung des Gesetzes lehrt, der verbietet den Seinen alles Schwören, sowohl recht als auch falsch, sowohl beim Himmel als auch beim Erdreich, bei Jerusalem oder bei unserem Haupt, und das aus dem Grund, den Er gleich darauf ausspricht: „Denn ihr könnt nicht ein Haar weiß oder schwarz machen." Sehet zu! Darum ist alles Schwören verboten. Denn wir können nichts von dem garantieren, was beim Schwören versprochen wird, weil wir an uns nicht das Geringste ändern können.

Nun sind einige, die dem einfältigen Gebot Gottes nicht Glauben schenken, sondern sagen und fragen so: Ei, nun hat Gott dem Abraham bei Sich selbst geschworen, weil Er Gott war (als Er ihm nämlich versprach, dass Er ihm Gutes tun wollte und dass Er sein Gott sein wollte, wenn er seine Gebote hielte); warum sollte ich nicht auch schwören, wenn ich einem etwas verspreche? Antwort: Höre, was die Schrift sagt: „Als Gott den Erben der Verheißung auf überschwängliche Art beweisen wollte, dass Sein Ratschluss nicht wankt, legte Er einen Eid ab, damit wir durch zwei unerschütterliche Dinge (wodurch es unmöglich war, dass Gott lügen könnte) einen starken Trost haben." Merke die Bedeutung dieser Schriftstelle: Gott hat Gewalt zu tun, was Er dir verbietet. Denn es ist Ihm alles möglich. Gott hat dem Abraham einen Eid geschworen – sagt die Schrift –, um zu beweisen, dass Sein Rat nicht wankt. Das heißt: Es kann niemand

Seinem Willen widerstehen und hinderlich werden. Darum konnte Er den Eid halten. Wir aber vermögen es nicht, wie es oben von Christus ausgesprochen ist, dass wir den Eid halten oder leisten. Darum sollen wir nicht schwören.

Nun sagen weiter einige so: Es ist im Neuen Testament nicht verboten, bei Gott zu schwören, und im Alten sogar geboten. Dagegen sei lediglich verboten, beim Himmel, beim Erdreich, bei Jerusalem und bei unserem Haupt zu schwören. Antwort: Höre die Schrift: „Wer da schwört beim Himmel, der schwört beim Stuhl Gottes und bei dem, der darauf sitzt." Merke: Schwören beim Himmel, der ein Stuhl Gottes ist, ist verboten. Wie viel mehr ist es bei Gott selbst verboten! Ihr Narren und Blinden, was ist grösser, der Stuhl oder der darauf sitzt?

Auch sagen einige so: Wenn es nun unrecht ist, dass man Gott zur Wahrheit gebraucht, so haben die Apostel Petrus und Paulus auch geschworen. Antwort: Petrus und Paulus bezeugen allein das, was von Gott Abraham durch den Eid verheißen war, und sie selbst verheißen nichts, wie die Beispiele klar zeigen. Aber Zeugen und Schwören ist zweierlei. Denn wenn man schwört, so verheißt man Dinge, die noch in der Zukunft liegen, wie dem Abraham Christus verheißen wurde, den wir lange Zeit hernach empfangen haben. Wenn man aber zeugt, dann bezeugt man das Gegenwärtige, ob es gut ist oder böse, wie der Simeon zu Maria von Christus sprach und ihr bezeugte: „Dieser wird gesetzt zu einem Fall und einer Auferstehung vieler in Israel und zu einem Zeichen, dem widersprochen wird."

Dasselbe hat uns auch Christus gelehrt, als Er sagte: „Eure Rede soll sein ja ja und nein nein; denn was darüber ist, ist vom Argen." Er sagt demnach: Eure Rede oder euer Wort soll sein ja und nein, was man nicht so verstehen kann, als ob Er den Eid zugelassen habe. Christus ist einfältig ja und nein, und alle, die Ihn einfältig suchen, werden Sein Wort verstehen. Amen.

Nachwort

Liebe Brüder und Schwestern im Herrn! Das sind die Artikel, die einige Brüder bisher falsch und dem wahren Sinn zuwider verstanden haben. Sie haben damit viele schwache Gewissen verwirrt, wodurch der Name Gottes sehr schwer gelästert worden ist. Darum ist es notwendig gewesen, dass wir im Herrn übereingekommen sind, wie es auch geschehen ist. Gott sei Lob und Preis.

Weil Ihr nun den Willen Gottes reichlich verstanden habt, wie er jetzt durch uns offenbart ist, wird es notwendig sein, dass Ihr den erkannten Willen Gottes beharrlich und ohne Aufschub vollbringt. Denn Ihr wisst wohl, was dem Knecht an Lohn gehört, der wissentlich sündigt. Alles, was Ihr unwissentlich getan habt und was Ihr bekannt habt, unrecht gehandelt zu haben, das ist Euch verziehen durch das gläubige Gebet, das in uns in der Versammlung vollbracht ist für unser aller Verfehlung und Schuld, durch die gnädige Verzeihung Gottes und durch das Blut Jesu Christi. Amen.

Habt acht auf alle, die nicht nach der Einfältigkeit göttlicher Wahrheit wandeln, die in diesem Brief von uns in der Versammlung zusammengefasst ist, damit jedermann unter uns regiert werde durch die Regel des Banns und forthin der Zugang der falschen Brüder und Schwestern unter uns verhütet werde. Sondert ab von Euch, was böse ist, so will der Herr Euer Gott sein und Ihr werdet seine Söhne und Töchter sein.

Liebe Brüder, seid eingedenk, mit was Paulus seinen Titus ermahnt. Er spricht so: "Die heilsame Gnade Gottes ist erschienen allen und züchtigt uns, dass wir sollen verleugnen das ungöttliche Wesen und die weltlichen Lüste und züchtig, gerecht und gottselig leben in dieser Welt und warten auf dieselbe Hoffnung und Erscheinung der Herrlichkeit des großen Gottes unseres Heilands Jesus Christus, der sich selbst für uns gegeben hat, auf dass er uns erlöste von aller Ungerechtigkeit und reinigte sich selbst ein Volk zum Eigentum, das da eifrig wäre zu guten Werken. Das bedenkt und übt Euch darin, so wird der Herr des Friedens mit Euch sein.

Der Namen Gottes sei ewig gebenedeit und hoch gelobt. Amen. Der Herr gebe Euch seinen Frieden. Amen. Geschehen in Schleitheim am Randen, auf Matthäi (24. Febr.), Anno 1527.

Glaubensbekenntnis des wehr- und rachelosen Christentums Dordrecht, 1632

Hintergrund:

Die norddeutschen (niederdeutschen) Täufer wurden von Menno Simons gesammelt, dessen Lehre mit den Schweizer Täufern übereinstimmt. Es gab in Münster in den 1530er ein apokalyptisches Terrorregime verwirrter Täufer, welches die ganze Bewegung in schweren Verruf brachte (zum Teil bis heute). Mennos unermüdlicher Einsatz in Seelsorge und Lehre reinigte die niederdeutschen Täufer völlig von diesen Irrlehren und stellte sie auf ein gesundes schriftgemäßes Fundament.

Etwa hundert Jahre später haben sich die nach ihm benannten Mennoniten nicht nur stark ausgebreitet, sondern leider auch wegen Nebendingen in mehrere Gruppen gespalten. 1632 fand in Dordrecht eine Versammlung statt, um die zerstrittenen Mennoniten wieder zu vereinen. Durch Gottes

Gnade gelang nicht nur das, sondern das dort verfasste Bekenntnis wurde auch von vielen deutschen und schweizer Mennoniten angenommen. Bis heute ist das Dordrechter Bekenntnis vor allem bei den aus der Schweiz nach Amerika ausgewanderten Täufergruppen, den Amischen und Old Order Mennonites in Gebrauch.

Besonders sind darin die Darlegung zur Fußwaschung und die Anordnungen zur Meidung derer, die ausgeschlossen wurden.

1. Artikel: Vom Glauben an Gott, von der Schöpfung des ersten Menschen und aller Dinge

Nachdem wir in den kanonischen Büchern des Alten und Neuen Testaments bezeugt finden, dass es unmöglich sei, ohne Glauben Gott zu gefallen, und wer zu Gott kommen will, der muss glauben, dass ein Gott ist, und dass Er denjenigen ein Vergelter sein wird, die Ihn suchen (Hebr 11,6), daher bekennen wir mit dem Mund und glauben mit dem Herzen, samt allen Frommen, nach dem Wortlaut der heiligen Schrift, an einen einzigen Gott, Vater, Sohn und heiligen Geist (5.Mose 6,4; 1.Mose 17,1; Jes 46,8; Joh 5,7), und keinen mehr und keinen anderen. Vor diesem ist auch kein Gott gemacht oder gewesen, noch auch nach Ihm. Aus Ihm, durch Ihn und auf Ihn hin wurden alle Dinge. Ihm sei Lob, Preis und Ehre von Ewigkeit zu Ewigkeit. Amen.

Denselben einzigen Gott, der da wirkt alles in allem, glauben und bekennen wir (1.Kor 12,6; 1.Mose 5), dass Er der Schöpfer ist aller sichtbaren und unsichtbaren Dinge, der innerhalb von sechs Tagen Himmel und Erde, das Meer und alles was darinnen ist, geschaffen, gemacht und zubereitet hat (Apg 14,15). Und dass Er dieselben und alle Seine Werke durch Seine Weisheit, Allmacht und durch das Wort Seiner Kraft regiert und erhält.

Und als Er Seine Werke vollendet, und jedes gemäß seiner Natur, Wesen und Eigenschaft gut und recht nach Seinem Wohlgefallen geordnet hatte, so hat Er daneben auch den ersten Menschen, unser aller Vater, Adam, geschaffen (1 Mose 2,7), und ihm einen Leib gegeben, den Er aus einem Erdklumpen geformt und ihm einen lebendigen Odem in seine Nase geblasen hat. So ist er eine lebendige Seele geworden, von Gott nach seinem Bilde (1.Mose 5,1) und Gleichnis in rechtschaffener Gerechtigkeit und Heiligkeit zum ewigen Leben geschaffen, und hat ihn über alle anderen Geschöpfe als besonders angesehen und ihn mit vielen hohen und herrlichen Gaben geziert und in den Lustgarten oder Paradies gestellt (1.Mose 2,15). Er hat ihm Gebot und Verbot gegeben (1.Mose 2,17), und hat auch danach von demselben Adam eine Rippe genommen (1.Mose 2, 22) und eine Frau daraus gebaut, zu ihm gebracht, dieselbe ihm zur Gehilfin, Gesellin und Hausfrau zugefügt und gegeben. Er hat auch bewirkt, dass von diesem einzigen ersten Menschen, Adam, alle Menschen, auf dem ganzen Erdenboden wohnend, gezeugt und entsprossen sind (Apg 17,26).

2. Artikel: Von der Übertretung des göttlichen Gebots durch Adam

Wir glauben und bekennen aufgrund der heiligen Schrift auch, dass diese unsere ersten Voreltern, Adam und Eva, in diesem herrlichen Stand, in dem sie geschaffen waren, nicht lange geblieben sind, sondern sie sind durch List und Betrug der Schlange und des Teufels Neid verleitet und verführt worden (1.Mose 3,6). So haben sie das hohe göttliche Gebot übertreten und sind ihrem Schöpfer ungehorsam geworden. Durch diesen Ungehorsam ist die Sünde in die Welt gekommen (Röm 5, 12.18) und durch die Sünde der Tod, und ist so zu allen Menschen durchgedrungen, weil sie alle gesündigt und dadurch den Zorn Gottes und die Verdammnis auf sich geladen haben. Darum wurden sie von Gott aus dem Paradies oder Lustgarten vertrieben (1.Mose 3,23), dass sie den Acker bebauen, mit Kummer sich davon ernähren und im Schweiß ihres Angesichts ihr Brot essen sollen, bis sie wieder zu Erde würden, davon sie gekommen waren (Ps 49,8). Wir glauben und bekennen auch, dass sie deshalb durch solche Sünde sogar ferne von Gott abgefallen und gewichen sind, und weder durch sich selbst, noch durch einen ihrer Nachkommen, noch durch Engel, noch durch Menschen, oder durch eine andere Kreatur, im Himmel oder auf Erden, wiederum aufgeholfen, erlöst und mit Gott versöhnt werden konnten (Offb 5). Sondern dass sie ewig verloren bleiben müssten, sofern nicht Gott, der sich über seine Geschöpfe wiederum erbarmt, gnädig darauf gesehen hätte (Joh 3,16), und mit Seiner Liebe und Barmherzigkeit dazwischen gekommen wäre.

3. Artikel: Von der Wiederaufrichtung und Versöhnung des menschlichen Geschlechts mit Gott

Was die Wiederaufrichtung des ersten Menschen und seiner Nachkommen betrifft, davon bekennen und glauben wir, dass ungeachtet dieses ihres Falls, ihrer Übertretung und Sünde, und obwohl bei ihnen gänzlich keine Kraft war, Gott sie darum dennoch nicht ganz und gar hat verwerfen wollen, noch ewig verloren bleiben lassen, sondern dass Er sie wiederum zu sich gerufen, getröstet und gezeigt hat, dass bei Ihm noch Mittel zur Versöhnung wären. Nämlich: das unbefleckte Lamm Gottes, welches dazu bereits vor der Welt Anfang ersehen wurde (Joh 1,29; 1.Petr 1,19; 1.Mose 3,15; 1.Joh 3,8), und ihnen verheißen und zugesagt wurde, als sie noch im Paradies waren, zu Trost, Erlösung und Seligkeit, sowohl für sie als ihre Nachkommen. Ja, Er wurde ihnen von der Zeit an durch den Glauben zu eigen gegeben und geschenkt, wonach alle frommen Altväter (Hebr 11,39) verlangt hat, welchen die Verheißung oftmals erneuert wurde, die danach geforscht und durch den Glauben von ferne nach ihm ausgesehen und auf die Erfüllung gewartet haben (Gal 4,4), dass, wenn Er kommen würde, Er das gefallene menschliche Geschlecht von seinen Sünden, seiner Schuld und Ungerechtigkeit wiederum erlösen, freimachen und aufhelfen sollte.

4. Artikel: Von der Ankunft unseres Erlösers und Seligmachers Jesus Christus

So glauben und bekennen wir ferner, dass, als die Zeit der Verheißung, nach welcher alle frommen Altväter so sehr verlangte und darauf gewartet haben, erfüllet war (Joh 4,25), als damals dieser verheißene Messias, Erlöser und Seligmacher von Gott ausgegangen, gesandt und (nach der Weissagung der Propheten und Zeugnisse der Evangelisten) in die Welt (Joh 16,28), ja ins Fleisch gekommen, geoffenbart und das Wort selbst Fleisch und Mensch geworden ist (1. Tim 3,16; Joh 1,14; Mat 1,22). Und dass Er in der Jungfrau Maria (die verlobt war mit einem Manne, genannt Joseph, vom Hause Davids) empfangen wurde, und dass sie denselben als ihren erstgeborenen Sohn (Luk 2,7.21) zu Bethlehem geboren, in Windeln gewickelt und in eine Krippe gelegt hat.

Wir bekennen und glauben auch, dass dieser derselbe ist, dessen Ausgang von Ewigkeit gewesen ist (Micha 5,2; Hebr 7,3), ohne

Anfang der Tage oder Ende, der selber das A und O, Anfang und Ende, der Erste und der Letzte zu sein bezeugt wird (Offb 1,8.18). Ferner, dass dieser auch derselbe ist und kein anderer, der ausersehen, verheißen, gesandt und in die Welt gekommen, und der Gottes einziger, erster und eigener Sohn ist (Joh 5,16; Hebr 1,6; Röm 8,32; Mat 22,41), der vor Johannes dem Täufer, vor Abraham, ja Davids Herr und aller Welt Gott ist. Er ist der Erstgeborene vor allen Kreaturen (Kol 1,15), der in die Welt gekommen und dem ein Leib bereitet wurde, den Er selbst als ein Opfer und eine Gabe Gott zu einem süßen Geruch übergeben hat, ja zu Trost, Erlösung und Seligkeit für alle, und das ganze menschliche Geschlecht (Heb 10,5).

Was aber das betrifft, wie und auf welche Weise dieser Leib bereitet, und wie das Wort Fleisch wurde und Er selbst Mensch geworden ist (Luk 1,31-33; Joh 20,30-31; Mat 16,16), darin sind wir zufrieden mit der Erläuterung, welche die heiligen Evangelisten in ihrer Beschreibung davon gegeben und hinterlassen haben. Nach dieser bekennen und halten wir Ihn im Einklang mit allen Heiligen für den Sohn des lebendigen Gottes, in welchem all unsere Hoffnung, Trost, Erlösung und Seligkeit besteht, und dass wir all das auch in niemand anderem suchen sollen.

Weiters glauben und bekennen wir mit der Schrift, dass nachdem Er Seinen Lauf hier vollendet und das Werk, für das Er gesandt und in die Welt gekommen war, vollbracht hatte, dass Er nach Gottes Vorsehung in die Hände der Ungerechten überantwortet wurde. Sodass Er unter dem Richter Pontius Pilatus (Luk 23,1) gelitten hat, dass Er gekreuzigt (Luk 24,5-6), gestorben und begraben wurde, am dritten Tage vom Tode wieder auferstanden und gen Himmel gefahren ist (Luk 24,51), und dass Er zur rechten Hand Gottes sitzt, der Majestät in der Höhe, von wo Er kommen wird, die Lebenden und die Toten zu richten.

So ist der Sohn Gottes gestorben, hat für alle den Tod geschmeckt und Sein teures Blut vergossen. Dadurch hat Er der Schlange den

Kopf zertreten, die Werke des Teufels zerstört, die Handschrift zunichtegemacht (1.Mose 3, 15; 1.Joh 3,8; Kol 2,14) und Vergebung der Sünden für das ganze menschliche Geschlecht erworben. Er ist also eine Ursache der ewigen Seligkeit geworden für alle diejenigen (von Adam an bis an der Welt Ende, Röm 5,18), die in ihrer jeweiligen Zeit an Ihn glauben und gehorsam sein werden.

5. Artikel: Von der Einsetzung des Neuen Testaments durch unseren Herrn Jesus Christus

Wir glauben und bekennen auch, dass Er vor Seiner Himmelfahrt Sein Neues Testament aufgerichtet (Jer 31,31), eingesetzt und, da es ein ewiges Testament sei und bleiben sollte (Hebr 9, 15–17), dass Er dasselbe mit Seinem kostbaren Blut befestigt und versiegelt hat. Dies hat Er den Seinigen gegeben und hinterlassen (Mat 26,27), ja so hoch geboten und befohlen, dass dasselbe weder durch Engel noch durch Menschen verändert, noch davon etwas weg- noch etwas hinzugetan werden darf (Gal 1,8; 1.Tim 6,3; Joh 15,16; Mat 28,20). Und dass Er dasselbe, was darin enthalten ist, durch den ganzen und vollen Ratschluss und Willen Seines himmlischen Vaters (so viel zur Seligkeit von Nöten ist) durch Seine lieben Apostel, Botschafter und Diener, die Er dazu berufen, erwählt und in alle Welt gesandt hat (Mk 16,13; Luk. 24,45-46), gelehrt hat. Er lässt unter allen Völkern, Nationen und Sprachen in Seinem Namen verkündigen, predigen und bezeugen die Buße und Vergebung der Sünden, und dass Er alle Menschen ohne Unterschied, sofern als sie dem Inhalt desselben durch den Glauben als gehorsame Kinder würden nachfolgen und leben, als Seine Kinder und rechtmäßigen Erben erklären wolle (Röm 8,17). Also, dass Er von der würdigen Erbschaft der ewigen Seligkeit niemand ausschließt noch ausgeschlossen hat, als nur allein die ungläubigen, ungehorsamen, halsstarrigen und unbußfertigen Menschen, die dasselbe verachten, und durch ihre eigene, selbst begangene Sünde verschulden, und sich dazu also des ewigen Lebens unwürdig machen. (Apg 13,46).

6. Artikel: Von der Buße und Besserung des Lebens

Wir glauben und bekennen, da das Dichten und Trachten des menschlichen Herzens böse ist von Jugend auf (1.Mose 8,21) und deshalb zu aller Ungerechtigkeit, Sünde und Bosheit geneigt ist, dass daher die erste Lektion des würdigen Neuen Testaments des Sohnes Gottes Buße und Besserung des Lebens ist (Mk 1,15; Hes 12,1). Und dass die Menschen darum Ohren haben, dass sie hören, und Herzen haben, dass sie verstehen, rechtschaffene Früchte der Buße zu tun (Mk 1,15), ihr Leben zu bessern, dem Evangelium zu glauben, das Böse zu lassen, das Gute zu tun, aufzuhören Unrecht zu tun und von Sünden abzulassen. Sie sollen den alten Menschen mit seinen Werken ausziehen und den neuen anziehen, der nach Gott geschaffen ist in rechtschaffener Gerechtigkeit und Heiligkeit (Kol 3,9-10). Denn weder Taufe, Abendmahl, Gemeinde, noch eine andere äußerliche Zeremonie ohne Glauben und Wiedergeburt, Veränderung oder Erneuerung des Lebens, mag helfen Gott zu gefallen (Eph 4,21-22), oder Trost und die Verheißung der Seligkeit von Ihm zu erlangen. Sondern man muss mit wahrem und vollkommenem Glauben zu Gott gehen (Heb 10,21-22) und an Jesus Christus glauben, wie die Schrift sagt und von Ihm bezeugt (Joh 7,25). Durch diesen Glauben erlangt man Vergebung der Sünden, wird geheiligt, gerechtfertigt und ein Kind Gottes, ja wird Seines Sinnes und Wesens teilhaftig (2.Petr 1,4) als die, welche durch den unvergänglichen Samen von oben herab neu aus Gott wiedergeboren sind.

7. Artikel: Von der heiligen Taufe

Was die Taufe angeht, davon glauben und bekennen wir (Apg 2,38), dass alle bußfertigen Gläubigen, die durch den Glauben, Wiedergeburt und Erneuerung des heiligen Geistes mit Gott vereinigt und im Himmel angeschrieben sind, auf solch schriftgemäßes Bekenntnis des Glaubens, nach dem Befehl Christi (Mat 28,19), Seiner Lehre, Seinem Vorbild und dem Brauch der Apostel in den hochwürdigen Namen des Vaters und des Sohnes und des heiligen Geistes, zum Begräbnis ihrer Sünden mit Wasser getauft, und so in die Gemeinschaft der Heiligen einverleibt werden müssen. Ferner müssen sie gelehrt werden, alles zu halten, was der Sohn Gottes die Seinigen gelehrt, ihnen hinterlassen und befohlen hat. (Röm 6,4; Mk 16,15-16; Mat 3,15; Apg 2,28; Apg 8,11; Apg 9,8; Apg 10,74; Apg 16,33; Kol 2,11-12)

8. Artikel: Von der Gemeinde Gottes

Wir glauben und bekennen eine sichtbare Gemeinde Gottes, das sind diejenigen Menschen, welche so wie oben beschrieben, rechte wahre Buße tun, recht glauben und recht getauft sind, mit Gott im Himmel hier auf Erden recht einverleibt sind (1.Kor 12). Wir beken-nen, dass diese das auserwählte Geschlecht, das königliche Priestertum (1.Petr 2,9), das heilige Volk sind, welche als Christi Braut und Hausfrau bezeugt werden, ja die Kinder und Erben des ewigen Lebens sind (Joh 3,29; Offb 19,7; Eph 2,19-21; Mat 16,18-19). Sie sind ein Tempel, das Haus und die Wohnstatt Gottes, gebaut auf dem

Grund der Apostel und Propheten, in dem Christus selbst der Eckstein ist, von denen bezeugt wird, dass sie Seine durch Ihn gestiftete heilige Versammlung seien.

Dies ist die Gemeinde des lebendigen Gottes, die Er durch Sein kostbares Blut erworben, gekauft und erlöst hat, bei der Er gemäß Seiner Verheißung, zu Trost und Bewahrung alle Tage bis an der Welt Ende sein und bleiben will (Mat 28,20; 2.Kor 6,16; Mat 7,25; 16,18). Ja, Er will unter ihnen wohnen und wandeln und sie bewahren, dass sie kein Strom noch Platzregen, ja die Pforten der Hölle selbst nicht bewegen noch überwältigen sollen. Dieselbe mag man erkennen an dem schriftgemäßen Glauben, der Lehre, der Liebe und dem gottseligen Wandel, ebenso auch an einem fruchtbaren Leben, dem Gebrauch und Beibehalten der wahren Ordnung Christi, welche Er den Seinen so hoch geboten und befohlen hat.

9. Artikel: Von der Erwählung der Diener in der Gemeinde

Was die Dienste und Erwählung in der Gemeinde betrifft, glauben und bekennen wir, dass weil die Gemeinde ohne Dienst und Ordnung im Wachstum nicht bestehen noch im Bau bleiben kann, der Herr Christus selbst (als ein Hausvater in Seinem Hause) Seine Dienste und Ordnungen eingesetzt, ordiniert (Eph 4,10–12), geboten und befohlen hat. Er zeigt, wie ein jeder darin wandeln, sein Werk und seine Berufung wahrnehmen, und wie es sich gebührt tun soll. Sie sollen dies gleich Ihm tun, der der getreue große Oberst, Hirte und Bischof unserer Seelen ist (1.Petr 2,25; Mat 12,19; Mat 18,11). Er ist nicht in die Welt gesandt worden und gekommen, um zu verletzen und zu zerbrechen, sondern dass Er heile und gesund mache (Eph 2,13; Gal 3,28), das Verlorene suche, den Zaun und die Mittelwand abbreche, aus zweien eins mache, und so aus Juden und Heiden die Menschen in einer Gemeinschaft in Seinem Namen versammle. Dafür (auf dass niemand verloren gehen sollte) hat Er selber Sein Leben gelassen und ihnen so zur Seligkeit gedient (Joh 10,9-11.15), sie frei gemacht und erlöst, (merkt wohl:) darin ihnen von niemand anders könnte gedient und geholfen werden (Ps 9,8).

Wir glauben und bekennen, dass Er diese Seine Gemeinde vor Seinem Abschied auch mit getreuen Dienern, Aposteln, Evangelisten, Hirten und Lehrern (welche mit Bitten und Flehen durch den heiligen Geist erwählt werden) besetzen hat lassen (Eph 4,11; Luk 10,1; Luk 6,12.13), auf dass sie die Gemeinde regieren, Seine Herde weiden, darüber wachen, ihr vorstehen und sie versorgen, ja in allem tun sollten, wie Er ihnen vorausgegangen, sie gelehrt (Joh 2,5; Mat 28,20), es getan und ihnen befohlen hat zu lehren und halten, was Er ihnen geboten hatte.

Ferner, dass auch desgleichen die Apostel danach, als treue Nachfolger Christi und Vorsteher der Gemeinde, hierin sorgfältig und fleißig gewesen sind (1.Tim 3,1; Apg 1,23.24; Tit 1,5), mit Bitten und Flehen zu Gott, durch Erwählung der Brüder, um alle

Städte, Orte oder Gemeinden mit Bischöfen, Hirten und Vorstehern zu versorgen. Sie haben solche Personen einzusetzen geboten (1.Tim 4,16; Tit 2,1.2; 1.Tim 3,3), die acht auf sich selbst, auf die Lehre und die Herde haben mögen, die man befindet als im Glauben, fromm an Leben und Wandel, und die sowohl, außerhalb als in der Gemeinde von gutem Lob und Ruf seien. Denn sie sollen ein Beispiel, Licht und Vorbild in aller Gottseligkeit und guten Werken sein, und nach des Herrn Ordnung Taufe und Abendmahl würdig vollziehen. Sie mögen auch allezeit (so sie zu bekommen sind) treue Menschen, die tüchtig sind andere zu lehren (2.Tim 2,2; 1.Tim 4,14; 5,2) zu Ältesten bestellen, dieselben mit Handauflegen im Namen des Herrn bestätigen. Sie sollen ferner für alle nötigen Dinge der Gemeinde nach Kräften sorgen, auf dass sie als treue Knechte ihres Herrn Talent oder Pfund wohl anlegen (Luk 19,13), Gewinn damit erzielen, und so in der Folge sich selbst zur Seligkeit fördern, wie auch die, welche sie hören.

Wir glauben und bekennen weiter, dass sie fleißig darauf achten sollen, und zwar ein jeder unter den Seinigen, über die er Aufsicht hat, dass alle Städte mit Diakonen (zur Achtung und Aufsicht über die Armen) wohl versehen und versorgt werden möchten (Apg 6,3–6). Sie sollen die Handreichungen und Almosen empfangen und wiederum an die armen Heiligen, die bedürftig sind, getreulich austeilen mit aller Ehrbarkeit, wie es sich geziemt.

Und dass man auch ehrbare alte Witwen zu Dienerinnen ordinieren und erwählen sollte (1.Tim 5,9; Röm 16,1), dass die nebst den Diakonen die armen, schwachen, kranken, betrübten und notdürftigen Menschen, also auch Witwen und Waisen besuchen, trösten und versorgen, und ferner helfen, die nötigen Sachen der Gemeinde wahrzunehmen nach all ihren Möglichkeiten.

Und was noch ferner die Diakonen-Diener anlangt (Jak 1, 27), dass dieselben, besonders wenn sie tüchtig und von der Gemeinde dazu erwählt und eingesetzt wurden (zur Hilfe und Erleichterung der Ältesten), die

Gemeinde auch wohl ermahnen mögen, und mit in Wort und Lehre arbeiten. Damit ein jeder so dem anderen aus Liebe dient mit der Gabe, die er vom Herrn empfangen hat, auf dass jegliches Glied, ein jedes nach seinem Maß, ja der ganze Leib Christi gebessert und des Herrn Weinstock und Gemeinde im Wachstum zunehme und im Bau bleiben möge, wie es sich gebührt.

10. Artikel: Vom hochwürdigen Abendmahl des Herrn

Wir bekennen und halten gleichermaßen ein Brotbrechen oder Abendmahl (Mat 26,26; Mk 14,22; Apg 2,42; 1.Kor 10,16; 1.Kor 11,23-26), wie der Herr Christus vor Seinem Leiden solches Brot und Wein eingesetzt und auch mit Seinen Aposteln selbst gebraucht und gegessen hat. Er hat es ihnen zu Seinem Gedächtnis zu halten befohlen, wie sie es dann auch in der Gemeinde gelehrt, danach gelebt und den Glauben zu halten geboten und befohlen haben. Dass es zum Gedächtnis des Todes des Herrn sei, Seines Leidens und Sterbens, und dass Sein würdiger Leib für uns, das menschliche Geschlecht, gebrochen und Sein teures Blut vergossen wurde. Wie auch daneben die Furcht desselbigen, nämlich die Erlösung und Ewig-keit, welche Er dadurch erworben und an uns sün-digen Menschen solche Liebe bewiesen hat, wodurch wir aufs Höchste ermahnt werden, uns unter einander, und unseren Nächsten wiederum lieb zu haben, zu verzeihen und zu vergeben, wie Er uns getan hat. Ferner, dass wir auch gedenken die Einheit und die Gemeinschaft (Apg 2,46) zu halten und zu beleben, die wir mit Gott und unter uns haben; dieselbe wird uns bei solchem Brechen des Brotes angewiesen und vor Augen gestellt.

11. Artikel: Vom Fußwaschen

Wir bekennen und billigen auch ein Fuß-waschen der Heiligen, gleichwie der Herr Christus selbst dasselbe nicht allein ein-gesetzt, geboten und befohlen (Joh 13,4.17), sondern auch Seinen Aposteln (obwohl Er ihr Herr und Meister war) die Füße gewaschen hat. Damit hat Er ein Beispiel gegeben, dass sie ebenso einander die Füße waschen und so tun sollten, gleichwie Er es getan hatte, welches sie auch weiters die Gläubigen fortan zu halten gelehrt haben. Alles zu einem Zeichen der wahren Demut und Niedrigkeit, als auch, um bei diesem Fußwaschen besonders an das rechte Waschen zu denken, da wir durch Sein kostbares Blut gewaschen und der Seele nach gereinigt sind.

12. Artikel: Vom heiligen Ehestand

So bekennen und gestehen wir in der Gemeinde Gottes einen ehrlichen Ehestand von zwei freien gläubigen Personen zu, in Maßen und wie ihn Gott anfänglich im Paradiese gestiftet und mit Adam und Eva selbst eingesetzt hat (1.Mose 1,27 und 2,18-24). Und gleichwie der Herr Christus alle Missbräuche des Ehestandes, die mit der Zeit aufgekommen waren, abgewehrt, weggeräumt und alles wieder auf die erste Ordnung gewiesen, und es dabei belassen hat, hat in derselben Weise auch der Apostel Paulus den Ehestand in der Gemeinde gelehrt (1.Kor 7), zugelassen und es einem jeden freigestellt, dass er nach der ersten

Ordnung im Herrn möge heiraten an alle und jede, die man dazu bewegen kann. Mit diesen Worten („im Herrn") muss nach unserer Meinung verstanden werden, dass, gleichwie die Altväter innerhalb ihrer Sippschaft oder ihres Stammes heiraten mussten (1.Mose 24,28), so auch gleichfalls im neuen Testament den Gläubigen keine Freiheit vergönnt und zugelassen ist, als nur allein unter dem auserkorenen Geschlecht und der geistlichen Verwandtschaft Christi zu heiraten. Also nur diejenigen (und keine anderen), die erst, und zwar zuvor, mit der Gemeinde in Herz und Seele vereinigt sind, eine Taufe empfangen haben, und in einer Gemeinschaft, Glauben, Lehre und Belehrung stehen, ehe dass sie durch den Ehestand sich mit einander vereinigen mögen. Solche werden dann in der eben beschriebenen Weise nach der ersten Ordnung von Gott in Seiner Gemeinde zusammengefügt (1.Kor 7,39), und das heißt dann: Im Herrn trauen oder heiraten.

13. Artikel: Von der Obrigkeit

So bekennen, glauben und gestehen wir auch, dass Gott die Macht und Obrigkeit eingesetzt hat (Röm 13,1-4) und zur Strafe über das Böse gestellt und um das Gute zu beschützen. Ferner, die Welt zu regieren, Land und Städte, mitsamt ihren Untertanen in guter Polizei und Ordnung zu erhalten (Tit 3,1), und dass wir daher dieselbe nicht verachten noch lästern sollen oder ihr widerstehen (1.Petr 2,17). Sondern wir müssen sie als eine Dienerin Gottes anerkennen, ehren, ihr untertänig und gehorsam, ja zu allen guten Werken bereit sein, besonders in denjenigen, wo Gottes Wort, Willen und Gebot nicht widersprochen wird. Wir müssen ihr auch getreu Zoll, Steuern und Abgaben bezahlen, und was ihr gehört, sind wir zu geben gehalten und schuldig, gleichwie (Mat 22,21 und 17,27) der Sohn Gottes gelehrt, auch selbst getan und den Seinigen geboten und befohlen hat, es so zu tun. Ferner, dass wir auch über das hinaus den Herrn für sie und ihr Wohlergehen und das Beste des Landes stets und ernstlich anrufen und bitten müssen, auf dass wir unter ihrem Schutz und Schirm wohnen mögen, uns ernähren, und ein stilles, ruhiges Leben führen in aller Gottseligkeit und Ehrbarkeit. Und weiter, dass der Herr alle Wohltat, Freiheit und Vernunft, welche wir unter ihrer löblichen Regierung genießen, ihr hier zeitlich, und hernach dort in Ewigkeit wolle belohnen und vergelten.

14. Artikel: Von der Rache und Gegenwehr

Was die Rache angeht, dem Feinde mit dem Schwert zu widerstehen, davon glauben und bekennen wir, dass der Herr Christus Seinen Jüngern und Nachfolgern alle Rache und Widerrache untersagt und verboten hat. Stattdessen hat Er geboten und befohlen (Mat 5,39.44; Röm 12,14; 1.Petr 3,9), niemandem Böses mit Bösem, noch Scheltwort mit Scheltwort zu vergelten, sondern das Schwert in die Scheide zu stecken, oder wie die Propheten geweissagt haben (Jes 2,4; Micha 4,3) Pflugscharen daraus zu machen. Daraus verstehen wir, dass wir daher

Seinem Beispiel, Seiner Lehre und Seinem Leben zufolge niemanden beleidigen, Verdruss oder Übel antun mögen, sondern uns vielmehr gebührt, aller Menschen höchstes Wohlergehen und Seligkeit zu suchen. Und wenn es die Not erfordert, um des Herrn willen zu fliehen von der einen Stadt oder Land ins andere, ja auch den Raub unserer Güter zu erleiden (Mat 5,39), dennoch niemanden zu beleidigen, und da man geschlagen wird, lieber die andere Backe hinzuhalten, als sich selber zu rächen oder zurück zu schlagen. Und dass wir über das auch für unsere Feinde bitten müssen, auch wenn sie hungrig oder durstig sind, sie laben und speisen, und sie so mit Wohltun zu überzeugen, um alle Unwissenheit zu überwinden. Zuletzt, dass wir Gutes tun müssen, und uns gegenüber allen Gewissen der Menschen wohl und gütig zeigen, und nach Christi Gesetz niemand etwas anderes tun mögen, als was wir wollen, dass uns geschehe (Mat 7,12).

15. Artikel: Vom Eid oder Eidschwören

Was das Eidschwören betrifft, davon glauben und bekennen wir, dass der Herr Christus den Seinen auch dasselbe untersagt und verboten hat (Mat 5,34-35), dass man auf keinerlei Weise schwören möge, sondern dass Ja Ja, und Nein Nein sein müsse (Jak 5,12). Daraus verstehen wir, dass uns alle hohen und geringen Eide verboten sind, und dass wir anstatt derselben alle unsere Verheißungen, Zusagen und Bündnisse, ja auch alle unsere Erklärungen oder Zeugnisse von diversen Sachen, allein mit unserem Wort Ja, in dem das Ja ist, und Nein in allem was Nein ist, bekräftigen müssen (2.Kor 1,17). Zumal wir dasselbe allezeit und in allerlei Sachen gegenüber jedermann so treu halten, tun und ihm nachkommen müssen, als ob wir solches mit einem hohen Eid befestigt hätten. Wenn wir das nun so tun, so geraten wir nicht dahin, dass jemand, ja die Obrigkeit selbst, einen Grund haben sollte, dass sie uns in Gemüt und Gewissen höher beschweren werden.

16. Artikel: Vom Bann oder Absonderung von der Gemeinde

Wir bekennen und glauben auch an den Bann und die christliche Absonderung, die nicht zum Verderben ist, sondern dass dadurch das Reine von dem Unreinen geschieden werde. Wenn nämlich jemand, nachdem er erleuchtet wurde, die Erkenntnis der Wahrheit angenommen hat und in die Gemeinschaft der Heiligen einverleibt ist, und danach wiederum, es sei mutwillig oder aus Vermessenheit gegen Gott, oder sonst eine Todsünde begeht (Jes 59,2; 1.Kor 5,5.12; 1.Tim 5,20), kann er nicht in der Versammlung der Gerechten bleiben. Durch solche unfruchtbaren Werke verfällt er der Finsternis, wodurch er von Gott geschieden, und ihm das Reich Gottes abgesagt wird, so dass derselbe dann, nachdem das Werk offenbart und der Gemeinde genugsam bekannt ist, er als ein Anstoß erregendes Glied und offenbarer Sünder abgesondert, weggetan, von allen gestraft werden soll und muss (1.Tim 5,20). Er soll wie ein Sauerteig ausgefegt werden, und das zu seiner Besserung, anderen zu einem Beispiel, zu Furcht und Schrecken und zur Reinhaltung der Gemeinde (1.Kor 5,6; 2.Kor 10,8; 2.Kor 13,10). Dass dieselbe von solchen Schandflecken gesäubert werde und durch die Bestrafung desselben der Name des Herrn nicht gelästert, die Gemeinde nicht verunehrt, noch denen, die draußen sind, weder Anstoß noch Ärgernis gegeben werden möge. Schlussendlich, dass der Sünder nicht mit der Welt verdammt, sondern in seinem Gemüt überzeugt und wiederum zur Reue, Buße und Besserung bewegt werde.

Was die brüderliche Ermahnung oder Strafe weiter angeht (Jak 5,19), wie auch den Irrenden zu unterweisen, darin gebührt es sich, dass aller möglicher Fleiß angewandt, getan und Sorge getragen werde, dass man diese wahrnehme und mit aller Sanftmut zum Besten ermahne zur Besserung (Tit 3,10). Die aber halsstarrig und unbekehrt bleiben, sind zu strafen wie es sich gebührt. In Summe, dass die Gemeinde von ihr wegtun müsse, der da böse ist (es ist in Lehr' oder Leben) und niemand anders.

17. Artikel: Wie die Gebannten und Abgesonderten von der Gemeinde zu meiden sind

Was die Erhaltung oder Meidung der Abgesonderten betrifft, davon glauben und bekennen wir, dass, wenn jemand, es sei wegen seines bösen Lebens oder einer verkehrten Lehre, so weit verfallen ist, dass er von Gott abgeschieden, und folglich auch von der Gemeinde recht abgesondert und gestraft ist, dass dieser dann auch, gemäß der Lehre Christi und Seiner Apostel, ohne Unterschied von allen Mitgenossen und Gliedern der Gemeinde (besonders von denjenigen, denen er bekannt ist), es sei im Essen oder Trinken und in anderer ähnlicher Gemeinschaft, gescheut und gemieden werden müsse (1.Kor 5,9-11; 2.Thess 3,14; Tit 3,10). Und dass man durch den Umgang mit ihm nicht befleckt noch ihrer Sünden teilhaftig werde, sondern dass der Sünder beschämt in sich gehe, und in seinem Gewissen zu seiner Besserung überzeuget werden möge. Dass dennoch, sowohl in der Meidung als in der Strafe, solche Maßnahmen und christliche Bescheidenheit zur Anwendung kommen müssen, dass diese nicht zum Verderben, sondern dem Sünder zur Besserung gereichen und dienen mögen. Denn wenn dieselben bedürftig, hungrig, durstig, nackt, krank oder in anderen Widerwärtigkeiten stecken und leben, so sind wir schuldig (wie es die Not erfordert, und aus der Liebe und nach der Lehre Christi und Seiner Apostel folgt), ihnen dennoch Hilfe und Beistand zu beweisen. Ansonsten würde die Meidung in solchen Fällen mehr zum Verderben als zur Besserung dienen. Zudem soll man sie ermahnen als Brüder, auf dass man sie zur Erkenntnis, Reue und Leid über ihre Sünden bringen möge (2.Thess 3,14), dass sie sich mit Gott und Seiner Gemeinde wiederum versöhnen, und folglich von der Gemeinde wieder empfangen und angenommen werden mögen, und dass die Liebe gegen sie den Vorrang habe, wie es sich gebührt.

18. Artikel: Von der Auferstehung der Toten

Betreffend die Auferstehung der Toten, bekennen wir mit dem Munde und glauben solches auch mit dem Herzen nach der Schrift (Dan 12,12; Hiob 19,26-27; Mat 25,31; Joh 5,18; 2.Kor 15; Offb 22,4; 1.Thess 4,13), dass durch die unbegreifliche Kraft Gottes am jüngsten Tage alle Menschen, die gestorben und entschlafen sind, wiederum auferweckt, lebendig gemacht werden und auferstehen sollen. Und dass dieselben mit denjenigen, die dann im Leben übergeblieben sind, in einem Augenblick zur Zeit der letzten Posaunen verwandelt und zusammen vor den Richterstuhl gestellt werden sollen, wo die Guten und die Bösen voneinander geschieden werden. Ein jeder wird dann an seinem eigenen Leib empfangen, je nach dem was er getan hat, es sei gut oder böse. Die Guten und Frommen werden, als die Gesegneten, sodann mit Christus aufgenommen und ins ewige Leben gehen (1.Kor 2,9), und die Freude empfangen, welche kein Auge gesehen noch Ohr gehört hat, noch in keines Menschen Herz gekommen ist, dass sie mit Christus regieren und von Ewigkeit zu Ewigkeit triumphieren sollen. Die Bösen hingegen werden, als Verdammte, verwiesen und verstoßen in die Finsternis, ja in die ewige höllische Pein, wo ihr Wurm nicht sterben, noch ihr Feuer verlöschen wird, und wo sie, laut der heiligen Schrift, keine Hoffnung, Trost und Erlösung in Ewigkeit mehr zu erwarten haben (Mk 9,44; Offb 14,11). Der Herr wolle uns alle durch Seine Gnade würdig und tüchtig machen, dass solches keinem von uns widerfahre, sondern, dass wir uns selbst so in Acht nehmen und befleißigen mögen, damit wir in der Zeit vor Ihm unbefleckt und unsträflich in Frieden befunden werden mögen.

Amen.

So sind nun diese, wie sie oben in der Kürze geschrieben sind, die hauptsächlichen Artikel unseres allgemeinen christlichen Glaubens, gleichwie wir diese in unserer Gemeinde und unter den unsrigen stets lehren und leben. Dieses ist unseres Erachtens der einzige wahre christliche Glaube, den die Apostel in ihrer Zeit geglaubt und gelehrt, ja denselben mit ihrem Leben bezeugt, mit ihrem Tod bekräftigt, und einige mit ihrem Blut besiegelt haben. Dabei wollten auch wir nebst ihnen und allen Frommen nach unserer Schwachheit gern bleiben, leben und sterben, damit wir mit denselben durch des Herrn Gnade am Ende die Seligkeit erwerben mögen.

Also fertiggestellt und vollendet in unserer vereinigten Gemeinde hier in der Stadt Dordrecht in Holland, den 21. April, Styli Novi, anno 1632.

Gott befohlen!

Aus Riedemanns Rechenschaft

Hintergrund:

Von Beginn der Bewegung an stand den Täufern das Beispiel der Jerusalemer Gemeinde vor Augen:

„Alle Gläubigen waren aber beisammen und hatten alle Dinge gemeinsam; sie verkauften die Güter und Besitztümer und verteilten sie unter alle, je nachdem einer bedürftig war." (Apg 2,44-45).

„Und die Menge der Gläubigen war ein Herz und eine Seele; und auch nicht einer sagte, daß etwas von seinen Gütern sein eigen sei, sondern alle Dinge waren ihnen gemeinsam." (Apg 4,32).

Bereits in der ersten Gemeinde in Zollikon bemühten sie sich, diesem Beispiel zu folgen, indem sie all ihren Besitz teilten. Die Verfolgung erschwerte jedoch den Aufbau solch inniger Gemeinschaft; erst in Mähren hatten sie Freiheit, dies in vollem Umfang zu verwirklichen. Unter der Leitung Jakob Hutters (1536 in Innsbruck verbrannt) erhielten die

Gemeinden als „Bruderhöfe" eine stabile Form, die die Hutterischen Brüder bis heute leben.

Peter Riedemann verfasste 1540/41 deren bis heute gültiges Glaubensbekenntnis, welches vom Umfang her ein eigenes Buch wäre. Zur Ergänzung des bereits zuvor Dargelegten soll hier noch der Artikel über die Gütergemeinschaft vorgestellt werden:

Von der Gemeinschaft der Güter

Da nun alle in heiligen Dingen, das ist in Gott Gemeinschaft haben (1.Joh 1, Röm 8), der ihnen auch alles in seinem Sohn Christus Jesus übergeben hat, von denen keiner seine Gaben für sich selber, sondern einer für den andern haben soll, wie auch Christus nichts für sich selber, sondern alles für uns hat, (Phil 2), so sollen auch alle Glieder Seines Leibes nichts für sich selbst, sondern für den ganzen Leib, für alle Glieder haben. Denn Seine Gaben sind nicht einem Glied allein oder um eines Gliedes willen, sondern für alle Glieder, für den ganzen Leib geheiligt und gegeben worden (1.Kor 12).

Da nun alle Gaben Gottes, nicht allein die geistlichen, sondern auch die zeitlichen dem Menschen deshalb gegeben sind, dass er es nicht für sich selbst oder allein haben soll, sondern für all seine Genossen, so ist nun die Gemeinschaft der Heiligen nicht allein im Geistlichen, sondern auch im Zeitlichen zu beweisen (Apg 2 und 4), auf dass wie Paulus sagt, nicht einer Überfluss und der andere Mangel habe (2.Kor 8), sondern damit ein Ausgleich geschehe. Er beweist das aus dem Gesetz mit dem Himmelsbrot, da der, der viel sammelte, keinen Überfluss, der aber wenig sammelte, keinen Mangel hatte, da nach dem Maße einem jedem das ihm Nötige gegeben wurde (2.Mose 16).

Darüber hinaus sieht man es an der Schöpfung, die uns heute noch bezeugt, dass Gott ursprünglich den Menschen nichts für ihn allein, sondern alles allen gemeinsam zu sein verordnet hat; aber durch das unrechte Nehmen, da sich der Mensch das, welches er nicht soll, an sich nahm (1.Mose 3), verließ das, dessen er sich annehmen sollte. Er hat solches an sich gezogen und sich zugeeignet, und ist also mehr und mehr darinnen erwachsen und erstarret, dass er durch solch unrechtes Nehmen und Einziehen der Schöpfung so weit von Gott entfernt worden ist, dass er den Schöpfer völlig vergessen hat, sodass er auch die Schöpfung, die ihm sonst untergeben und unterworfen war, erhoben und wie einen Gott geehrt hat (Röm 1, Weish13 und 15). Das kommt davon, wenn man aus Gottes Ordnung schreitet und dieselbe verlässt.

Nun aber, (wie gesagt) bezeugt uns alles Erschaffene, das den Menschen zu hoch gewesen ist um es einzuziehen, wie die Sonne mit allem Lauf des Himmels, Licht, Luft und dergleichen, dass nicht allein sie, sondern gleichwie sie also auch alle anderen erschaffenen Dinge für alle Menschen gemeinsam gemacht sind (1.Mose 1). Dass aber sie auch so geblieben und vom Menschen nicht eingezogen worden sind, liegt daran, dass sie ihm zu hoch gewesen sind als dass er sie in seine Gewalt hätte bringen können, sonst hätte er sie (so böse er durch das unrechte Nehmen geworden ist) ebenso wie die andern an sich gezogen und sich zu eigen gemacht hätte (1.Mose 3, 4.Esra 3 und 7, Röm 5). Da es aber so ist und die anderen von Gott ebenso wenig wie diese den einzelnen zum Eigentum gemacht sind, beweist, dass der Mensch allen Dingen (diesen wie jenen) absagen muss und in seinem Sterben nichts für sich zu Seinem Gebrauch mitnehmen kann (1.Tim 6). Darum nennt Christus alles Zeitliche das Fremde und spricht: „Wenn ihr nun mit dem Fremden nicht treu wart, wer wird euch das Eure anvertrauen?" (Lk 16).[2]

Weil das nun so ist, dass das Zeitliche nicht unser, sondern uns fremd ist, so betrachtet

---

[2] Das Zitat ist zusammengefasst aus: „Wer im Geringsten treu ist, der ist auch im Großen treu; und wer im Geringsten ungerecht ist, der ist auch im Großen ungerecht. Wenn ihr nun mit dem ungerechten Mammon nicht treu wart, wer wird euch das Wahre anvertrauen? Und wenn ihr mit dem Gut eines anderen nicht treu wart, wer wird euch das Eure *[das Gegenteil ist das Fremde]* geben? Kein Knecht kann zwei Herren dienen; denn entweder wird er den einen hassen und den anderen lieben, oder er wird dem einen anhängen und den anderen verachten. Ihr könnt nicht Gott dienen und dem Mammon!" (Lk 16,10-13).

das Gesetz, dass niemand fremdes Gut begehren soll (2.Mose 20, 5.Mose 5), also niemand sein Herz an das Zeitliche, welches das Fremde ist, hängen soll noch sich dieses zuschreiben. Deshalb muss der, der Christus anhangen und nachfolgen will, solches an-sich-Nehmen der erschaffenen Dinge und das Eigentum verlassen muss (Mat 10 und 8, auch keiner von euch mein Jünger sein, der nicht allem entsagt, was er hat." Denn wenn der Mensch wiederum in das Bild Gottes erneuert werden soll (Eph 4, Kol 3), so muss er alles von sich ablegen, das ihn davon abbringt, das ist das an-sich-Nehmen und Einziehen der geschaffenen Dinge, sonst kann er Gottes Bild nicht wieder erlangen. Darum sagt Christus (Mk 10, Lk 18, Mat 18): „Wer das Reich Gottes nicht annimmt wie ein Kind, wird nicht hineinkommen!" und: „Wenn ihr nicht umkehrt und werdet wie die Kinder, so werdet ihr nicht in das Reich der Himmel kommen!"

Wer nun so von allen Dingen frei wird, kann alsdann das Rechte und Göttliche ergreifen, und sobald er es ergriffen hat und es sein

Schatz geworden ist, so richtet er sein Herz auf dieses, entledigt sich alles anderen und nimmt sich nichts mehr als das Seine an, und hält es nicht mehr für das Seine, sondern hat es mit allen Gotteskindern gemeinsam (Apg 2 und 4).

Deshalb sagen wir, dass wie alle Heiligen in geistlichen Gaben Gemeinschaft haben (1.Joh 1), sie die Gemeinschaft noch viel mehr im Zeitlichen beweisen sollen, und sich nichts mehr zuschreiben und als Eigentum begehren (Lk16), weil es doch das Fremde ist. Sie sollen es stattdessen das gemeinsame Eigentums aller Gotteskinder betrachten, damit sie so beweisen, dass sie der Gemeinschaft Christi teilhaftig und in Gottes Bild erneuert sind (1.Kor 10, Eph 4). Denn je mehr der Mensch noch an den Dingen hängt, sie sich zueignet und zuschreibt, desto weiter entfernt zeigt er sich von dem Bild Gottes und der Gemeinschaft Christi (Kol 3, 1.Mose 1).

Deshalb hat auch der Heilige Geist im Anfang der Kirche solche Gemeinschaft gar herrlich wieder angefangen (Apg 2 und 4), (dass keiner von seinen Gütern sagte, dass sie sein wären, sondern alles gemeinsam hatten), und Er will auch, dass es immer noch so gehalten werde, wie Paulus sagt (Phil 2): Niemand suche seinen eigenen Nutzen, sondern den Nutzen des andern, oder niemand suche was ihm, sondern was vielen zuträglich ist. Wo es nun anders zugeht, so ist es ein Fleck an der Kirche, der unbedingt gebessert werden soll.

Wenn aber jemand sagen wollte, es sei doch nirgends außer in Jerusalem so gewesen, weshalb es jetzt nicht nötig sei, sagen wir: auch wenn es sonst nirgends außer in Jerusalem gewesen so ist, folgt daraus nicht, dass es darum jetzt auch nicht so sein sollte; denn es hat weder an den Aposteln noch an den Gemeinden gefehlt, sondern vielmehr an der Gelegenheit, Art und Zeit. Darum kann das für uns kein Grund sein, es zu unterlassen, sondern vielmehr sollte uns das zu mehr und besseren Fleiß bewegen, weil uns der Herr jetzt Zeit und Gelegenheit gibt solches zu tun.

Dass es aber weder an den Aposteln noch an den Gemeinden gefehlt hat, beweiset ihr Fleiß auf beiden Teilen (Phil 2, Röm 14). Denn die Apostel haben mit allen Fleiß darauf hingewiesen und dem Volk die wahre Gelassenheit auf das treulichste vorgeschrieben, wie alle ihre Briefe noch heute beweisen. Das Volk aber hat sich auch mit Fleiß darnach gestellt, wie auch Paulus besonders denen aus Mazedonien Zeugnis gibt und spricht (2.Kor 8): „Wir wollen euch aber, ihr Brüder, von der Gnade Gottes berichten, die den Gemeinden Mazedoniens gegeben worden ist. In einer großen Prüfung der Bedrängnis hat ihre überfließende Freude und ihre tiefe Armut die Schätze ihrer Freigebigkeit zutage gefördert. Denn nach ihrem Vermögen, ja ich bezeuge es, über ihr Vermögen hinaus waren sie bereitwillig; und sie baten uns mit vielem Zureden, daß wir die Liebesgabe und ihre Gemeinschaft am Dienst für die Heiligen annehmen sollten. Und sie gaben nicht nur so, wie wir es erhofften, sondern sich selbst gaben sie hin, zuerst dem Herrn und dann uns, durch den Willen Gottes."

Hier kann sehr gut erkannt werden, mit welch geneigten Herzen die Gemeinden willig und bereit gewesen sind, die Gemeinschaft nicht allein im Geistlichen, sondern auch im Zeitlichen zu halten, auf dass sie dem Meister Christus nachfolgen und Ihm gleichförmig werden möchten, der uns selbst in solcher Weise und Gestalt vorausgegangen ist und uns befohlen hat Ihm nachzufolgen (Phil 2, Mat 10, Lk 14).

Die Botschaft des Evangeliums ist und bleibt dieselbe. Die Einsichten der Väter in das Evangelium sind daher auch heute noch bindend, soweit sie den Geist und das Leben der kommenden Welt in Christus recht erfasst haben. Darum besteht die Glaubensgemeinschaft der Täufer bis heute fort und lädt wie damals zur konsequenten Nachfolge Christi ein.

Links auf Deutsch:

https://hausgemeinde.wordpress.com

https://nachfolgerchristi.wordpress.com

Links auf Englisch:

http://anabaptistperspectives.org/

https://radicalreformation.com/

https://kingdomfellowshipweekend.org/